AF233498

COUP D'OEIL

ET OBSERVATIONS

D'un Soldat

SUR

L'ORDONNANCE DU 6 JUIN.

COUP D'OEIL

ET OBSERVATIONS

D'UN SOLDAT

SUR L'ORDONNANCE DU 6 JUIN,

Qui a mis la Ville de Paris en état de Siége, et sur l'Arrêt de la Cour de Cassation.

BIBLIOTHÈQUE ROYALE

Tant de publicistes ont écrit pour et contre les ordonnances du 6 juin qui ont mis en état de siége la ville de Paris , que c'est une grande témérité de la part d'un homme qui ne fait pas état d'écrire, de se mêler de cette polémique. Cependant la vérité doit être si précieuse, dans un tems où l'esprit de parti cherche à la dénaturer, que c'est un devoir impérieux à celui qui croit l'avoir découverte de la montrer telle qu'il la voit, pour que son tableau puisse, par la publicité, recevoir les corrections qu'il doit attendre de ceux qui, ne pensant pas tout à fait comme lui, sont cependant animés du véritable amour de la patrie.

Avant d'émettre mes opinions, je dois prouver que le véritable auteur des émeutes et de l'insurrection de la Vendée est le système suivi par le Ministère du 13 mars. A mes yeux ce système a été plus funeste à la France que celui du ministère Polignac. Celui-ci, en voulant enlever à la Nation ses privilèges , et les faire courber sous le joug du bon plaisir et de l'autel, a rappelé aux Français qu'ils avaient des droits à défendre; ils se sont levés, et les trois Journées de Juillet ont prouvé que cette révolution devait être la clé de la voûte de celle de 94 ;

qu'elle devait pour toujours écraser les privilèges, assurer les libertés de tous, et fixer les droits du gouvernement né des barricades.

Qu'a fait le Ministère du 13 mars dont C. Perrier était le chef? Guidé par la crainte peu réfléchie de voir les nations étrangères, ennemies naturelles des gouvernemens libéraux, déclarer la guerre à la France, il n'a eu d'autre soin que d'étouffer dans la Nation ces principes de liberté sage et d'égalité devant la loi: principes consacrés par la révolution de Juillet; et au lieu de faire punir, suivant toute la rigueur des lois, les premiers auteurs des troubles de la Vendée, et les particuliers chez lesquels des amas d'armes et de munitions furent trouvés, il les a laissés jouir d'une liberté dont ils ont fait depuis un si funeste usage. Le parti républicain, qui à cette époque était une chimère, étant le seul redouté par l'Étranger; ce parti ne pouvant s'appuyer que sur les libertés publiques, a pensé que pour conserver à la France cet état qui n'est ni la paix ni la guerre, il fallait étouffer ces libertés. L'insensé! il ignorait donc qu'il n'est pas de plus mauvais conseiller que la peur, et que la France ne pouvait se faire respecter au-dehors et reprendre son énergie au-dedans, qu'en disant aux étrangers, *la main posée sur son glaive:* Je n'ai nulle envie d'aller porter chez vous la liberté que je viens de conquérir; je consens à être votre amie; mais malheur à celui qui voudrait m'imposer des conditions. Comment n'a-t-il pas vu que, trop occupés chez eux, les Souverains étrangers ne pouvaient rien entreprendre au-dehors sans compromettre leur existence; car un jour les peuples comprendront que s'il est des limites à leurs droits, il doit exister des bornes à l'action du pouvoir des Rois.

Il sentit bien que pour faire prévaloir son système, il lui fallait un appui dans une chambre dont la majorité des membres avaient quitté leurs départemens avec la mission de culbuter le système du 13 mars; il réussit tellement auprès de plusieurs d'entr'eux, (leur présentant constamment l'Europe prête à venir fondre sur la France) que soit par conviction de la part de quelques-uns, il parvînt à former cette masse inerte qu'il appela juste-milieu; masse inexplicable aux yeux de l'homme de cœur; masse qui ne se meut jamais que par les ordres du maître; conception qui ne peut jamais faire que du mal, et incapable d'aucun bien, puisque le ministre qui est guidé par le respect des lois n'a j'amais besoin d'un servile appui pour faire passer ses projets.

Dès-lors il ne garda plus aucune mesure; les sommités politiques furent toutes éloignées des affaires; LAFAYETTE lui-même fut abreuvé de dégoûts. Imitant les actes de son prédécesseur de Villèle, actes qui couvrirent de mépris les fonctionnaires qui eurent la bassesse de s'y soumettre, il destitua les patriotes qui lui avaient montré peu d'accord avec sa manière de voir, et laissa les principales fonctions publiques dans les mains des partisans du système déchu, préférant la basse servilité des cartistes au courageux désintéressement des libéraux.

Il résulta de cette conduite au-dehors un véritable mépris pour la Nation. La conduite de la France dans l'incursion de la Belgique, sa retraite instantanée pour obéir aux ordres des puissances du continent, prouva aux étrangers qu'avec un tel Ministère ils la tiendraient toujours à la remorque de la Sainte-Alliance. Alors peu leur importait quel fut le chef de son gouvernement, puisqu'elle conservait à ses ordres son Ministère. De là l'espèce de mépris avec lequel on traita ses ambassadeurs et les 69 protocoles concernant la Belgique, qui sont autant de déceptions.

A l'intérieur, les royalistes absolus ont pris pour de la crainte des sentimens d'indulgence qui ont sans doute dirigé la conduite du Ministère envers eux, et se sont occupés des moyens de renverser le gouvernement. On vit les apôtres de l'absolutisme marcher de pair avec les jeunes gens dont l'imagination leur présentant une république comme un champ plus vaste et plus propre au développement de leur savoir, était aussi le mode de gouvernement le plus convenable à leur patrie. (M. le duc de Fitz James fut salué par l'école de droit de Toulouse.)

Ce fut dans cette disposition des esprits que la duchesse de Berry fit son débarquement sur les côtes de la Provence, et que les départemens de l'Ouest levèrent l'étendard de la révolte. Comment auraient-ils pu ne pas croire à leurs chances de succès, lorsqu'ils avaient sous les yeux l'indulgence du Ministère envers les leurs, ses vexations contre la presse qui seule pouvait faire connaître leurs projets; un Ministère laissant périr devant la chambre des pairs tous les projets de loi présentés par la chambre des députés; leurs orateurs soutenant à la tribune qu'il n'existait aucun soulèvement dans la Vendée, lorsque les députés de ces départemens leur disaient le contraire; les tribunaux du Midi totalement dévoués à la cour d'Holy-Rood, déclarant qu'il n'y avait pas lieu à mettre en accusation les auteurs de troubles; enfin, des évêques, des curés refusant les prières publiques pour le Roi des Français, osant même prêcher la révolte sans que l'autorité osât intervenir. Quelques préfets qui avaient jugé à propos de refuser d'ordonnancer leurs feuilles de traitement, furent vertement réprimandés par le Ministre de l'intérieur.

Trois millions accordés à ce Ministère pour déjouer tous les projets contre l'état, n'ont pu lui donner les moyens suffisans d'empêcher que sous ses yeux, et dans Paris même, le comité insurrectionnel n'enrôlât publiquement des Suisses et d'anciens soldats de la garde royale, et qu'on ne les dirigeât avec de vrais passeports sur la Vendée. Les fables qui nous ont été débitées sur le CHARLES ALBERT qui avait transporté la duchesse; les perquisitions que l'on n'a pas voulu permettre à bord sur les côtes de France; cette femme qui était restée à bord, et qui fut pendant long-tems un être mystérieux : toutes ces menées ne prouvent-elles pas que le Ministère a usé d'une grande indulgence envers cette princesse, qui a traversé les villes populeuses du midi pour se rendre dans la Vendée où cinq départemens en armes l'attendaient : bien que la veille le Ministère et ses agens soutinssent qu'il n'existait aucun élément de révolte dans leur sein. Et c'est dans le même moment qu'on ordonnait au lieutenant général Bonnet (un des hommes le plus capable d'une résolution et de la pousser à fin) de partir pour la Vendée, mais de ne soutenir cette guerre que le code civil à la main, que la police de Paris fesait assommer, par ses sécaires déguisés en ouvriers, des jeunes gens portant un chapeau couvert d'une toile cirée ou d'une couleur rouge, comme étant le signe de ralliement des républicains, tandis que dans la Vendée, dans le Midi, et à Paris même, les royalistes portaient impunément à leur boutonnière un ruban vert fleurdelisé, surmonté d'une immortelle.

Si tous ces faits ne prouvent pas jusqu'à la dernière évidence que le système du 13 mars est l'auteur des soulèvemens qui ont occasioné la guerre civile en France, je ne sais quelles nouvelles preuves il faudrait produire pour obtenir une conviction.

Enfin eut lieu le convoi du général LAMARQUE. Cette céré-
monie donna lieu à des démonstrations blâmables. Plusieurs
personnes oubliant le respect dû aux restes d'un des plus zélés
défenseurs des libertés publiques, n'écoutant point les avis
qu'ils recevaient des hommes sages, méconnaissant la voix
même du général LAFAYETTE, se livrèrent il est vrai à des actes
très repréhensibles ; mais qui ne légitimaient en rien la brutalité
des agens de la police ; des injures on passa aux voies de fait,
et les 5 et 6 juin les rues de Paris furent souillées du sang français, répandu par des mains françaises. Nul doute aujourd'hui
que ces scènes sanglantes ne furent point préméditées ; les en-
quêtes militaires et juridiques ne laissent plus aucun doute sur
la non préméditation. Elles ne durent donc leur existence qu'à
l'exaspération qu'avait fait naître dans les têtes de la jeunesse la
conduite des sécaires de la police ; et cette fermentation fut
sourdement soutenue par l'excitation des ultrats-royalistes,
dont le parti ne pourrait être rétabli en France sans le secours
de la guerre civile et des bayonnettes étrangères.

Ce fut donc le 6 juin, au moment où tout était rentré dans
l'ordre, que le gouvernement fit paraître la fameuse ordonnance qui mettait la ville de Paris en état de siége. Le gouvernement crut faire preuve de force : il ne fit preuve que de
brutalité. Il fit en même tems un acte d'illégalité barbare
en donnant à cette ordonnance un effet retrograde. Il oublia
que si la retroactivité est défendue dans l'application de la loi
ordinaire, à plus forte raison ne peut-elle être tolérée dans des
mesures exceptionnelles. Dans cette circonstance, il oublia
même la précaution prise par LOUIS XVIII, qui, voulant changer
les brevets de la légion d'honneur décernés par S. M. l'Em-
pereur Napoléon, écrivait en 1817 : « les autorisons à jouir
» des prérogatives attachées au titre de chevalier, à dater du
» 1.er janvier 1806. »

Cette ordonnance n'eut pas plutôt paru que les partisans
de l'absolutisme, et ceux qui, dans le principe, ne voulaient
que les conséquences de la révolution de Juillet, mais qui
étaient devenus les ennemis les plus ardens du Ministère, s'en
emparèrent et attaquèrent son illégalité. Tous agissaient avec
le plus parfait accord, et cependant chacun avait un but
différent. Les ultrats voulaient renverser le gouvernement, et
les derniers voulaient la chûte du Ministère. Je sais que les

organes du gouvernement ont dit que les derniers voulaient la république ; que dissidens d'opinion avec les premiers , ils s'entendaient parfaitement avec eux dans le but de le renverser, sauf à faire scission ensuite. Bien que l'alliance de l'ultracisme avec le libéralisme soit tellement monstrueuse , qu'elle ne puisse être comprise par l'homme qui pense , toutefois il est vrai que tous deux étaient d'accord dans leur haîne contre le Ministère , tant sa marche a cherché à désafectionner la personne du Roi. Les vrais amis d'une liberté sage ne pouvaient voir , sans la plus vive peine , le gouvernement de la France à la remorque de la Sainte-Alliance , les abus du gouvernement de la branche aînée maintenus , les fonctionnaires dévoués à l'ancien gouvernement en possession des places qu'ils occupaient précédemment , tous les systèmes d'économie indécemment rejetés , les habitudes de cour se rétablir petit à petit ; en un mot , un Roi populaire s'éloigner peu à peu de la Nation ; et , je dois l'avouer , plusieurs zélés partisans de la personne du Roi et du gouvernement des barricades , ont dit qu'il était inutile de renverser CHARLES X , si nous devions revenir à son même système de gouvernement.

Loin de moi l'idée d'établir , par ce rapprochement , qu'il y eut préméditation dans les journées de juin. Je l'ai prouvé plus haut. Il me suffit de savoir que les deux partis ont été d'accord pour attaquer cette ordonnance ; que tous deux ont pris pour point d'appui la violation de la Charte , pour sentir la nécessité d'en discuter les motifs.

Selon ma manière de voir , il n'y avait pas opportunité dans l'ordonnance ; mais le Roi avait le droit incontestable de la rendre. Il n'y avait pas opportunité, parce que , lorsqu'elle fut rendue , la force avait rétabli l'ordre ; il n'existait plus d'ennemis , et , par conséquent , plus de motifs. La punition des coupables devait appartenir aux juges ordinaires ; ce fut donc une grande faute de la part du gouvernement ; et la faute fut encore bien plus grande par l'effet de rétroactivité qu'on lui donna.

Deux effets doivent être produits sur les citoyens par la mise en état de siége d'une cité : le premier , moral , qui en les prévenant qu'ils sont soumis à la rigueur des jugemens militaires , les empêche souvent de se livrer à des actes coupables, auxquels ils se livreraient sans cette crainte ; et le second , en dépouillant ces tribunaux des formes lentes qui accompagnent les tribunaux ordinaires, leur permet d'appliquer la loi presque dans le même instant que celui qui a vu commettre le crime. Ce prompt châtiment portant une saine terreur dans l'ame de ceux qui, n'étant pas encore coupables, seraient cependant sur le chemin du crime, les arrète avant son exécution : avantage qui ne peut résulter des jugemens rendus par les tribunaux ordinaires, puisque la loi ne peut être appliquée par eux que trois ou six mois après que le crime a été commis, et qu'il est presque totalement oublié.

Plusieurs personnes ont appelé régime du sabre, les jugemens rendus par les conseils de guerre. Si ces personnes avaient pensé que les jugemens de ces conseils ne peuvent être basés que sur la loi et sur la preuve de la culpabilité de l'accusé, qui conserve les mêmes moyens de défense et les mêmes garanties que devant les tribunaux ordinaires, ils auraient vu que la seule différence ne consiste que dans les formes et dans la lenteur d'exécution ; mais que la justice est distribuée dans l'un comme dans l'autre avec la plus scrupuleuse impartialité. Les antagonistes de l'ordonnance ont dit qu'elle était attentatoire à la Charte, et pour appuyer leur dire, ils ont cité les art. 54 et 55 qui disent : « que les Français ne peuvent plus être » distraits de leurs juges naturels, et que les tribunaux d'ex- » ception ne seront plus rétablis sous quelque dénomination » que ce soit. »

Voyons un peu ce que c'est qu'un tribunal d'exception, eu égard seulement aux tribunaux militaires dans l'état de siége, et aux tribunaux établis. En examinant la chose, tâchons d'éviter de tomber dans la faute si reprochée au gouvernement de Charles X, de donner à un article une interprétation jésuitique. Un tribunal d'exception est un tribunal, soit civil, soit militaire, ou mixte, qui est établi dans une ville, dans un département, sans qu'au préalable cette ville ou ce département soit déclaré en état de siége. Vainement me citerat-on l'opinion émise à la tribune par M. Dupin, lors de la discussion de l'article ? Je répondrai que les opinions des législateurs, lors de la discussion d'une loi, ne sont rien une fois la loi rendue ; les meilleures choses dites dans le courant de la discussion peuvent souvent être contraires au texte même de cette loi, et si les art. 54 et 55 ont pour but d'ôter au gouvernement le pouvoir de soumettre partie de la France à l'état de siége, c'est une grande faute que l'on peut reprocher au Ministère et à la chambre des députés, de n'avoir pas abrogé les lois qui lui accordaient ce pouvoir. .

Il faut que cet arsenal immense où se trouvent entassés tant de lois, de décrets et d'ordonnances, et dans lequel tous les pouvoirs qui se sont succédés en France depuis 90 vont puiser, leur convienne étrangement, puisqu'aucun d'eux n'a voulu le détruire. Aussi avons nous vu la légitimité emprunter à 93 des lois pour livrer à la mort ceux dont elle voulait se défaire, et tout récemment encore M. CHISQUET (que l'on peut appeler MOUSQUET pour le distinguer de ses homonymes) s'appuyer d'une ordonnance de 1666 pour commander la dénonciation.

La loi du 4 décembre 1811 dit que lorsqu'une ville est déclarée en état de siége, l'autorité judiciaire et administrative passant dans les mains militaires, le chef militaire est seul responsable. Alors les tribunaux militaires sont les seuls juges des citoyens; ces tribunaux deviennent les tribunaux ordinaires, et les tribunaux ordinaires sont les seuls exceptionnels, puisqu'ils ne peuvent connaître que les affaires qui leur sont renvoyées par le commandant militaire. Ce n'est donc plus le cas de les comparer à ces commissions militaires, vrais tribunaux de sang, qui, en 93, parcouraient la France, suivis de l'appareil et de l'exécuteur des supplices, comme sous le tems de honteuse mémoire (sous la légitimité) on vit une cour prévotale parcourir les départemens du Rhône et de l'Isère, suivie du même appareil.

Quand bien même les art. 50 et 53 de la loi du 4 décembre 1811, les lois des 19 floréal et 10 fructidor an v, n'existeraient pas pour prouver le droit incontestable qu'avait le gouvernement de mettre la ville de Paris en état de siége, il serait du devoir des gens éclairés, ennemis des révolutions, de réclamer ce droit, après avoir préalablement cimenté, par une loi sévère, la responsabilité ministérielle; car il faut pouvoir poursuivre avec fruit un Ministre qui en ferait abus. .

Les antagonistes de l'ordonnance finissaient pourtant par accorder au gouvernement le droit de mettre une ville en état de siége, dans le cas seulement où l'ennemi serait à 1800 toises de la place, et que les communications seraient interrompues. Il suffit de faire un appel à la bonne foi pour en montrer tout le ridicule ; car , comment supposer que s'il existe nécessité de mettre une ville en état de siége , lorsqu'un ennemi se trouve à 1800 toises de ses murailles , cette nécessité ne devienne pas plus impérieuse lorsque l'ennemi a franchi cette distance , et qu'il est même dans le corps de la place ? Convenons donc que s'il n'y avait pas opportunité , il y avait droit ; il faut même qu'un gouvernement , quelque populaire qu'il soit , ait le droit de prendre des mesures promptes et violentes , suivant que des circonstances impérieuses et imprévues les réclament. La première de toutes les lois est de sauver l'État. Sans ce droit , il serait facile à une faction de culbuter dix fois le gouvernement , avant qu'il ait le tems de convoquer une fois les chambres. Bien que les journées de juin n'aient point été le résultat d'une préméditation , qui pourrait répondre que le gouvernement n'eût pas été renversé , si les troupes de ligne et la garde nationale avaient eu le dessous ? On sait bien comment les révolutions commencent ; mais personne ne peut assurer comment elles doivent finir.

La ville une fois en état de siége , les tribunaux militaires s'attribuèrent , comme ils en avaient le droit , la connaissance de toutes les affaires. Un magistrat de la cour royale présenta une requête à cette cour pour faire évoquer par elle tous les faits de la journée du 5. L'arrêt qui intervint consacra le premier la rétroactivité , par sa déclaration portant que toutes les causes de la journée du 5 devaient être renvoyées aux tribunaux militaires , attendu l'ordonnance qui venait de mettre la ville de Paris en état de siége. Les tribunaux militaires investis , les instructions eurent lieu ; quelques jugemens suivirent , emportant la peine capitale. Alors recours devant la chambre criminelle de la cour de cassation , sous prétexte d'une demande en réglement de juges.

Ici se présente une question de haute politique que , jusqu'à ce jour , aucun publiciste n'a osé aborder : la cour de cassation a-t-elle , par son institution , le droit non seulement de censure sur les actes du gouvernement , mais encore de les rendre nuls par une de ses décisions ? Vainement on m'objectera qu'il ne s'agissait nullement des actes du gouvernement , qu'il s'agissait d'un réglement de juges. Je répondrai que l'art. 103 de la loi du 24 décembre 1811 , non abrogé , ayant fixé ce réglement , puisqu'il dit textuellement : « tous les délits dont le gouver-

» nement n'a pas jugé convenable de laisser la connaissance aux
» tribunaux ordinaires , sont jugés par les conseils militaires. »
je pense que la cour de cassation qui n'est point législative,
ne peut , dans aucun cas , apporter la moindre modification
à la loi.

Dans quel but la cour de cassation fut-elle établie ? Quels
sont ses droits ? On pourrait même demander aujourd'hui si
elle a été constituée pour défendre la Charte et les lois existantes
contre les attaques du gouvernement , et si , par le fait, elle
n'a pas plus de pouvoir que lui ? Jadis les parlemens avaient
le droit de refuser d'enregistrer les édits ; c'était un droit qu'ils
s'étaient arrogés , mais qu'on voyait avec plaisir dans leurs
mains , puisqu'ils défendaient les droits du peuple contre la
cupidité de la cour ; mais aujourd'hui ces droits appartiennent
seulement à la chambre des députés et à celle des pairs. La
cour de cassation fut instituée pour contrôler les opérations
des tribunaux ordinaires de France , les seuls dont la juridiction soit soumise à sa vérification, pour s'assurer si les arrêts
qui en émanent ont été bien rendus suivant les formes voulues,
et si la loi a été bien ou mal appliquée. S'il arrive que sa
manière de voir ne soit pas conforme à celle d'une cour royale ,
alors il y a renvoi devant une autre cour , et dans le cas où la
seconde cour aurait une opinion conforme à la première , alors
le conseil d'état est appelé pour interpeler la loi qui a donné
lieu à la dissidence ; mais dans aucun tems elle n'a été apte à
juger du mérite des jugemens rendus par les tribunaux militaires. Je dis même plus , un capitaine rapporteur , légalement
nanti de l'instruction d'une affaire serait en droit de refuser
d'obéir à un arrêt de cette cour qui lui enjoindrait de remettre
ses dossiers.

La cour de cassation ne peut être appelée en réglement de
juges que lorsqu'il y a suspicion ; que devant une cour soumise
à sa juridiction , une cause serait traitée avec plus de partialité
que par une autre ; mais dans l'espèce , les tribunaux ordinaires ont été dépouillés de leurs droits par l'ordonnance de
mise en état de siége , et les tribunaux militaires nantis par la
loi du 14 décembre ; par conséquent , elle ne pouvait prendre
aucune délibération sur les jugemens rendus par des tribunaux
totalement en dehors de sa juridiction.

Quels ont été les effets produits par l'arrêt de cette cour ?

Les prévenus d'avoir été auteurs ou complices des journées des 5 et 6 juin, furent enlevés aux conseils de guerre chargés de les juger, les jugemens cassés, et l'autorité militaire laissée sans aucune force. C'est comme si cette cour eût dit au gouvernement : vous venez de mettre la ville de Paris en état de siége, et moi, par les droits que je m'arroge, je vous enlève tous les moyens de le mettre à exécution. Qu'il me soit permis ici de demander à cette cour, qui n'a agi que pour faire respecter la loi fondamentale, quel est l'article de la Charte qui lui confie ce droit?

Ennemi des pouvoirs despotiques, ennemi du système du 13 mars, mais partisan zélé du gouvernement né des barricades, tel qu'il s'est montré à son origine, j'aurais, à la place du gouvernement, lancé un interdit sur cette chambre de la cour de cassation, car il faut que le gouvernement sache conserver l'intégralité du pouvoir qui lui est confié; j'aurais convoqué les colléges électoraux en fesant connaître aux électeurs, avec franchise, la marche que j'étais résolu de suivre, avouant les fautes commises; et la chambre qui en serait sortie, aurait été appelée à régler les devoirs de tous, afin d'éviter, à l'avenir, des empiétemens qui ne peuvent être que très nuisibles à l'État.

Mais pour agir ainsi, il faudrait qu'il fût exempt de reproches; que, chargé de faire respecter la loi, il ne se fût pas montré trop indulgent pour les uns, et souvent partial envers les autres; que, chef du gouvernement d'une grande Nation, il eût rompu les liens qui l'attachaient à la Sainte-Alliance; en un mot, il n'aurait pas fallu qu'il ignorât que la France, plus positive que jamais, n'est plus éblouie par l'éclat des habits de cour; qu'elle considère le gouvernement comme un particulier, et qu'elle est disposée à n'accorder que du mépris à celui chez lequel la loyauté n'est pas unie à la franchise : elle peut être victime de la mauvaise foi, mais elle n'en est jamais dupe.

Si la chambre criminelle de la cour de cassation a réfléchi sur l'effet moral que devait produire au-dehors et au-dedans son arrêt, comment l'amour de la patrie n'a-t-il pas arrêté sa décision. J'entends encore les cris de joie poussés par la sacristie (1) d'Holy-Rood, fatiguer mes oreilles. Quelle fut la

____

(1) J'appelle sacristie le cabinet d'un Roi bigot.

conduite du Ministère depuis ce funeste arrêt? Semblable à un écolier timide qui craint la férule du maître, il s'est tu; il s'est même empressé d'enlever aux tribunaux militaires des départemens de l'Ouest, la faculté de connaître et d'instruire les causes résultant de l'insurrection; il a placé ces départemens dans une position qui, n'étant ni celle voulue par l'état de siége, ni celle voulue par l'état de paix, est un véritable cahos auquel personne ne comprend rien.

On pourrait même demander si le gouvernement a le droit de limiter le pouvoir militaire dans les lieux assujettis à l'état de siége, lorsque la loi qui règle cet état n'accorde aux tribunaux et aux administrations que la portion d'exercice que l'officier commandant, qui est seul responsable, veut bien leur accorder? Comment l'officier supérieur chargé de rétablir la tranquillité dans les provinces insurgées peut-il répondre de cette tranquillité, lorsqu'il peut être journellement contrarié par la lenteur que la justice ordinaire met dans ses recherches et dans l'application de la loi, et lorsque des juges chargés de prononcer à huis clos sur la mise en accusation des prévenus, peuvent les élargir sous prétexte de défaut de preuves? On me parlera de l'indépendance que donne aux juges l'innamovibilité; malheureusement nous savons ce que devient cette indépendance en tems de révolution.

Convenons d'une vérité pénible à avouer, mais qui n'en est pas moins constante: le Ministère marche sans plan et sans but arrêté; il fait vivre la France comme il vit lui-même, au jour le jour, et ce, parce que dominé par la crainte de déplaire aux étrangers, il n'ose rien prévoir; et que surpris par les évènemens, il n'est plus en état d'en arrêter le cours. Il est grand tems cependant de prendre une détermination. Les décisions de la diète de Francfort ne nous font-elles pas craindre que tout principe de liberté une fois étouffé chez les puissances de l'ancienne confédération du Rhin, il ne prenne fantaisie aux Souverains du Nord de venir visiter une troisième fois les rives de la Seine? Les démonstrations hostiles de la Prusse, celles de l'Autriche dans l'Italie, où un général français sert de lieutenant au pape, celles permanentes de la Russie, sont plus que suffisantes pour nous donner de telles craintes. Dans cette conjoncture que deviendrait la France, si la haine de la domination étrangère ne réchauffait pas dans le cœur de ses enfans cet amour de la patrie que les journées de Juillet avaient développé, et que le système du 13 mars s'est efforcé d'étouffer?

Je sais bien qu'on ne manquera pas d'objecter que je n'ai pas là les considérans de l'arrêt de la cour ; mais en y réfléchissant un peu, le lecteur verra facilement que je ne parle que dans la supposition de l'état de siége, état qui change totalement les devoirs de tous. Or, puisque la cour reconnaît dans les considérans que le gouvernement a le droit de mettre en état de siége une ville, une province ; que ce droit n'a pas été abrogé par la Charte, pourquoi lui refuse-t-elle la conséquence de ce droit? Car qu'est l'état de siége sans les tribunaux militaires, et les conséquences qui en dérivent? Comment concevoir qu'il ait le droit de faire une chose, sans avoir la possibilité de l'accomplir? mais me dira-t-on : c'est l'art. 54 qui le veut. Je répondrai toujours que cet article ne peut se rapporter qu'à la France dans son état ordinaire, et non à celui qui nécessite une mesure prompte et énergique, comme l'état de siége ; je conçois que, dans l'état ordinaire, la cour de cassation puisse s'occuper des réclamations d'un accusé qui prétend ne pas être justiciable des conseils de guerre établis dans les divisions militaires ; mais dans l'état de siége, je lui conteste ce droit.

Bien que le mal soit grand, il est cependant encore possible de nous tirer du cahos dans lequel nous sommes plongés; il faut revenir à un système de franchise et d'équité qui ne peut être fort qu'en s'appuyant sur la loi. C'est la voix d'un Soldat qui vient de se faire entendre; il désire que sa pensée soit comprise ; le désir de faire une frivole opposition n'a pas guidé sa plume; c'est la crainte des maux qui menacent la Patrie qui l'a déterminé. N'écrivant point pour les ambitieux d'aucun parti, ni pour les gens qui sont toujours du juste-milieu, c'est-à-dire de l'avis du pouvoir, il n'ambitionne nullement leur suffrage. Il n'écrit que pour ceux qui, avec lui, trouveraient la nation heureuse si son gouvernement lui assurait l'indépendance et les libertés promises, et même acquises par les journées de Juillet.

Châteauroux, le 16 août 1832.

BANSE.

BAYVET, IMPRIMEUR DE LA PRÉFECTURE.

www.ingramcontent.com/pod-product-compliance
Lightning Source LLC
LaVergne TN
LVHW021810030726
842523LV00003B/1325